CW01655836

Batirse en vuelo

Lucía Etxebarria

Con ilustraciones de
Giselle Vitali

Ediciones Hidroavión

Batirse en vuelo

© Lucía Etxebarria. 2017
© Giselle Vitali. 2017
© Ediciones Hidroavión. 2017

Textos
Lucía Etxebarria

Ilustraciones
Giselle Vitali

Editado por
Ediciones Hidroavión
www.edicioneshidroavion.com

ISBN: 978-84-946628-4-3
Depósito legal: A 209-2017
Impreso en España.

Todos los derechos reservados. Esta publicación no puede ser reproducida ni parcialmente ni en su totalidad. De igual forma no podrá ser registrada y/o transmitida por un sistema de recuperación de información bajo ningún concepto, sea éste electrónico, mecánico, por grabación, por fotocopia u otros medios sin el permiso explícito y por escrito de los propietarios de los derechos de autor. La infracción de los derechos mencionados puede ser constitutiva de un delito contra la propiedad intelectual.

Un instante vacío de esperanzas
corre el riesgo de llenarse de memorias.
Recuerdos de momentos en que fuiste
tan insensatamente feliz.

Renuncia a la memoria y afíliate al olvido.
Cierra los ojos y sella los labios.
Abraza la profunda densidad de la nada.
Aspira a la salvación por el vacío.

Son bienaventurados los que aman
porque ellos no necesitan las palabras.

1.
Yo soy mía

Cuántas veces me habrán llamado puta

Cuántas veces me habrán llamado puta
y cuántos cuerpos habré amado inútilmente.
Porque mi deseo es democrático.
Porque no discrimina.
Porque no hace distingos por edad o por sexo.
Porque a todos escucha, porque a todos anima.
Porque no sella pactos ni concede exclusivas.
Porque mi deseo me engaña, me arrastra y me deshace.
Porque deseo desear.

Cuántas veces me habrán llamado puta,
ya no llevo la cuenta.
Pero cuando me desean y devuelvo el deseo
somos mitades separadas atraídas a un centro,
y nos reunimos, y resplandecemos
en nuestro centro recobrado
como una esfera de luz.

Cuántas veces me habrán llamado puta.
Porque no distingo ternuras de mentiras.
Porque amo a flor de labios y a luz de piel.
Porque me pierde la hermosura irreverente.
Porque no hay dones que puedan aplacarme,
ni mi vacío espera ser llenado.

Cuántas veces me habrán llamado puta.
Porque nadie conoce
mis huraños deseos, mis disfraces,
ni las glorias secretas de mis noches.

Yo no persigo promesas ni esperanzas
que son una sola.
Yo las resumo
en los actos infinitos del deseo
que son uno solo.
Yo me he cansado
de todas esas veces que me han llamado puta.
Y te lo digo alto:
Sí, soy muy puta.
Porque el silencio no me va a proteger.

La luna rencorosa

¿De qué sirve el rencor si ni restaña heridas
ni corrige el pasado?
A veces me caigo y me hundo
en un agujero de nostalgia y rabia,
en un abismo de cólera orgullosa.
Y cuando regreso a la superficie
emerjo con jirones de lo que hallé
en la profundidad de mi vacío, de mi pozo cerrado.
Pero yo me merezco el aire y la altura.
Desprenderme de todo aquello
y dejar que también vuele.
Sacudirme de rencores zánganos
y de angustias ya secas como costras de herida.

El pasado no te define,
te limita

Tu pasado no define quién eres.
La identidad que crees y vives
es simplemente tu dolor de ayer.
Pero lo que sucedió ayer no define
a la persona que serás mañana.
Hay demasiadas opciones.
Ya no pierdas el tiempo
recordando.

No soy lo que me pasó.
No soy lo que los demás creen de mí,
no soy lo que los demás esperan de mí.
No soy más que yo.
Cierra esa puerta,
disfruta el presente
y mira al futuro
con esperanza.

Sudor y coartadas

Todos aquellos asuntos de noches sin objeto
desembocaban solo en vacío y cansancio.
Me esperaban rendidos en la cama tibia
para dormir por la mañana
mientras yo comprobaba por la ventana que ya era de día
y pensaba en que debía volver a casa.
A la cama que no quería compartir con cuerpo alguno.
Me despido de la memoria y la nostalgia,
de las noches de sudor y coartadas,
Porque el deseo lleva consigo su propio espacio
pero el amor no lo comparte, a veces.

Todo es posible

Todo es posible.
Es posible un salto
que consume el vacío.
Un salto que consuma el espacio
donde debería terminar
por hoy todo lo malo.

He llegado a mis inseguridades definitivas.
Aquí comienza el territorio
donde es posible quemar todos los finales,
todos los principios,
todas las naves.
Todo lo que imaginamos y no será.
Para abrirle paso
a lo que ni siquiera podríamos imaginar,
a todo lo fabuloso y lo terrible
que está en lo ilimitado y quieto
del impenetrable cielo abierto.

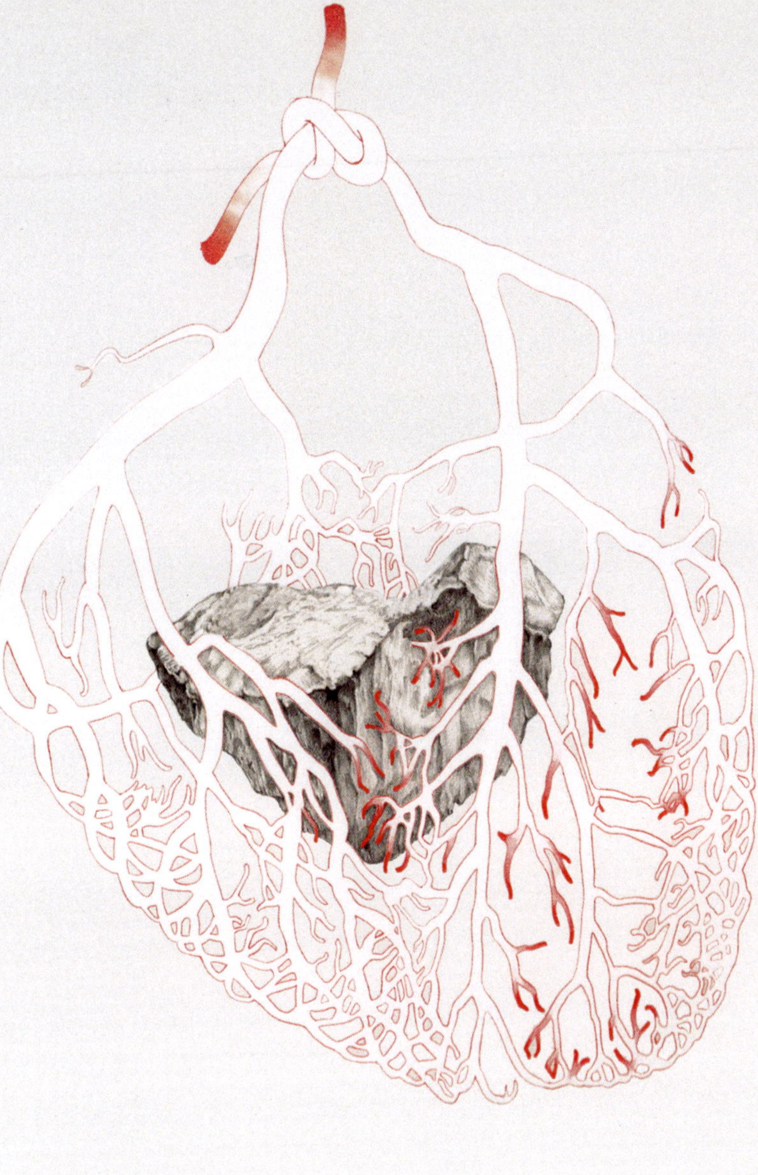

Una niebla de paz

Hoy vamos a jugar a que lo nuestro es fácil,
a que tenemos fe,
a que no estamos enganchadas a ninguna droga,
a construir corazones con emoticonos.
Al fin y al cabo no estamos muertas
y ya no somos jóvenes.
No importa si el futuro es de una densidad impenetrable.
Ahora es un estupor alegre
sin culpa ni disculpa,
sin angustia y sin miedo.
Nutridas, renovadas
por nuestras mutuas tentaciones
y una niebla de paz que pueda
confundir las alarmas.

Aquí y ahora

A veces la obsesión del ayer me paraliza
y me impide avanzar,
y crea la obsesión, pueril y remota
del pasado mañana,
que aún no ha llegado,
que a nadie le importa.

Invierno, frío, letargo

Cada mañana se me hace más difícil
y más difícil salir de la cama.
Tengo la impresión de que allá afuera
ya no me espera nada.
Ahí, bajo el letargo,
la actividad sin movimiento,
el mundo inmóvil,
es preferible a lo que trae la vigilia.
En el letargo nada arde, nadie llora,
no hay sal para las lágrimas
ni carbón para la cólera.

Mi hija caminaba por una playa desierta,
escondida, hacia el mar (en Pascua, en Villajoyosa)

Hacia adelante
el ahora arde en el suelo.
El azul y el verde son garantías
de aire limpio y claridad recobrada.
De ahora al porvenir
con paso esperanzado,
fija la vista hacia el cielo.
Porque no posees tierra
y ninguna patria es tuya.
Y tu corazón es libre.

Mi hija bebiendo de una fuente, en Santander

Siento por ti y por el agua un cariño profundo.
El agua canta porque está viva.
La fuente y la ternura fluyen al mismo tiempo.
Onduladas, brillantes, generosas y alegres,
con litros de esperanza diluidos en ellas.

Charlaba con una amiga en el Círculo de Bellas Artes.

Por la ventaba entraba una luz difusa, todo parecía bañado en una niebla de irrealidad, incluso la conversación, porque ella hablaba muy suavemente, muy despacio, con su acento andaluz

El lenguaje es mi patria.
Las palabras mis ciudades.
Me pierdo en conversaciones tranquilas
como tus suaves maneras.
Permanecemos largo rato presas
de una serena y vaga intrascendencia.
En la difusa luz que nos envuelve
reina cierta modorra pensativa.
La charla continúa
rodando calma, lenta, displicente.
Afuera cae la tarde
despaciosamente.

El silencio elocuente

No ignores el silencio.
La vida, como el arte, se sitúa
en el límite exacto de lo que no se dice.
Materia, tiempo, espacio,
todo es metáfora.

En una obra de teatro, alguien dejó un libro en el escenario, en un bosque encantado. Fue en invierno, en Madrid, con Marta

Te dejo un libro
en un bosque encantado,
protegido de la lluvia por una sombrilla,
y del viento y del frío.
Quizá encuentres en su lectura
de epopeyas y tragedias,
de dramas y comedias,
de amores despechados
y damas casquivanas.
Un recuerdo de mí.
Mañana ¿seré palabras también yo?
¿Seré tu personaje?
¿Seré lo que inventaste?
Quizá yo sea otra yo
en una historia
que no pasó pero pasó.

La realidad no es una,
la tuya no es la mía.
Tú recuerdas cosas
que yo creo que inventas
y triste viceversa.

Tú eres acólito de una falsa religión
que cree en una sola verdad,
el practicante de una superstición.
Pero a cada uno nos lleva la corriente
hacia orillas distintas.
Finalmente la marea te ha llevado tan lejos
que he dejado de verte.
Nuestra historia es así,
la ola muere por su propio impulso.
Pero la mar es inabarcable
y en estos versos tú eres mi personaje,
que poco tiene que ver con el hombre real.

Y desde que no eres tú,
sino quien yo he creado,
el odio ha desaparecido.

Porque no se odia a un hombre
que está hecho de palabras.

2.
El mismo amor repetido en cuerpos diferentes

Todos los Santos, Madrid

Se te llenan los dedos de diablos.
Me abres por dentro como una flor al sol.
La descubierta gruta,
el estuche de encendidos terciopelos
y mi cuerpo que es todo, todo sexo,
te reconoce como un niño a su madre.
Te adhieres a mi carne
con violenta viscosidad bivalva
y me inmoviliza
tu secreción pegajosa.
Nuestro sudor desliza la conciencia en gotas
y hay un sabor de mar que me hace
prisionera en sus ondas.
Redes para mariscos terrenales,
nadadores extraños, materiales secretos,
caracolas y conchas.
Tu sexo tiene espinas y tentáculos,
pequeña muerte en vida,
en humedad reunida.
Por esa carne obscena, por ese rito oscuro.
A mar revuelto, ganancia de pescadores.
Amar revuelto, ganancia de los dos.
Ni siquiera es por ti por lo que escribo,
ni por tu sexo que te estalla en las manos,
ni por tus fluidos, ni tus exudaciones,
ni por el goce turbio
de entregarte con los ojos cerrados,
de compartir la dicha con la que el cuerpo busca
la fiebre de las manos,

el temblor de las sienes
y un ansia que en el agua de espejo
calma su sed con parecida sed.
Ni siquiera es por ti por lo que escribo,
es por el hambre, la avidez, el miedo o la premura,
y si me aferro tanto a ti es porque voy barruntando
que vale más sexo en mano que ciento volando.

Cuando se iba,
nunca me ayudaba a hacer la cama

En la misma cama de sábanas deshechas.
En este lecho donde cada sueño
va a ser tuyo porque estarás en ellos.
Tan presente te tengo que mi cuerpo acaba en tu cuerpo.
Tu cuerpo por el que volveré a perderme aunque no estés.
Una batalla sin héroes, escaramuzas de sábanas.
Negociamos paz por territorios.
Intento recordar en imágenes todo lo que hacíamos aquí.
Intromisiones de cielo en la cabeza.
Deseo lo que ya hubo.
Deseo lo que imagino y lo que habrá de venir.
Deseo rebuscar claridades entre pliegues del cuerpo.
Deseo estar aquí aunque no haya nada.

Antes de saber cómo acabaría,

ya sabía que se iba a acabar

No hablemos.
Es mejor abrir las ventanas mudas.
Este mes será el de las excusas,
este mes será el del silencio.
Que revivan las baldosas grises
gastadas por mis pasos
que fueron nuestros pasos.
Como una araña que recorre
los mismos hilos de su red
recorreré una y otra vez
el pasillo de la puerta al dormitorio.

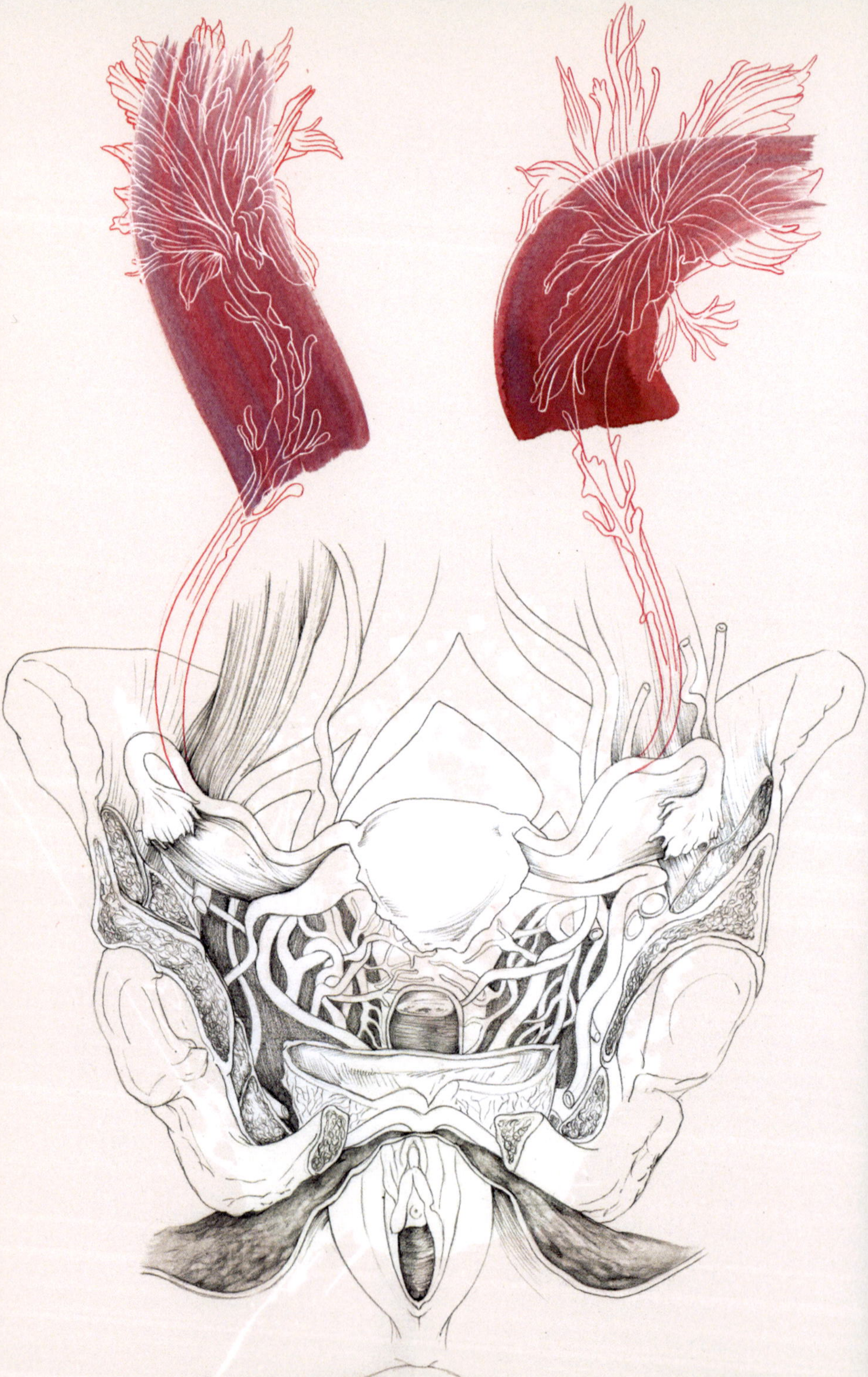

Una historia a tres

Breve, intensa y desgraciada

Yo nunca prometí lo que no podía dar.
Y aun así di todo lo que pude.
Ayer llovió todo el día.
Los tres fuimos náufragos bajo el mismo aguacero.
Y en la memoria llueve.

Retazos

Una novia vestida de blanco tristeza
preparándose para un polvo mustio,
una mentira inventada
por la turbia memoria de las luces de octubre.
Y los recuerdos tienen
la confusión del desván a donde nadie sube.

Una historia a tres

Todo es confusión
y las palabras no hacen sino enmarañarlo todo.
Cuando quiero decir uno es dos.
Es más fácil instalarse en el silencio.
Todo es confusión de bocas y de miembros
y yo no puedo ofrecer más que manos huecas.
Confundir lo que es con lo que fue,
la realidad con el deseo.
Todo es confusión de agua para quien nació sedienta.
En aguas mansas, serenamente,
nos vamos hundiendo como los restos del naufragio.
A favor de la corriente.

Él,
que en realidad
no me estaba destinado

Quién nos iba a decir que el destino era esto.
Otro día se acaba y el destino era esto.
El destino no es más que una anécdota banal.
Y es más feliz el que no lucha contra él,
porque no pierde, luchando, la cordura.
Es más feliz el que entiende que el destino
administra la alegría y el desgarro,
y conduce cada historia
hasta su inevitable desenlace

Él,
que existía
sobre todo en mi imaginación

Tú eras un espejo que multiplicaba, misterioso,
el movimiento de mi mano
y el incremento de mi angustia.
Tú eras un espejo en el que se reflejaban
mi figura imperfecta y las fallas
de mi rostro y de mi alma.
Tú eras un espejo en el que podía reconocer
lo que me afectaba como quien declara una verdad.
Estaba frente a mí misma, frente a ti,
y tu imagen se asomaba alargando los brazos,
buscando asir lo inasible.
De una máscara a otra
me iba hundiendo entre yo misma y mi reflejo.
Y acabé por no saber quién era.

Al principio de todo,
cuando aún le imaginaba virtudes
y le escondía defectos

Gracias sean dadas al incomprensible laberinto
de los efectos y las causas.
Gracias porque ha salido el sol
tras cuatro días de lluvia.
Gracias porque hoy es martes
y aún podría ser lunes.
Gracias por las emociones efímeras,
por los vínculos crecientes y las amistades duraderas.
Gracias porque existes y porque yo te he encontrado.

Lo que deseaba

Sobre los escombros del pasado
alzo en presente torres del futuro.
No es cosa de azar y de destino,
cuenta también la voluntad.
Porque hay en mi amor una capacidad de fuga,
de flujo hacia adelante,
de alegría en seguir al porvenir por donde vaya,
de expectación hacia ese vacío inmenso
que podemos llenar de tantas cosas
de realidades, de sueños,
de labios y de manos,
promesas y silencios.

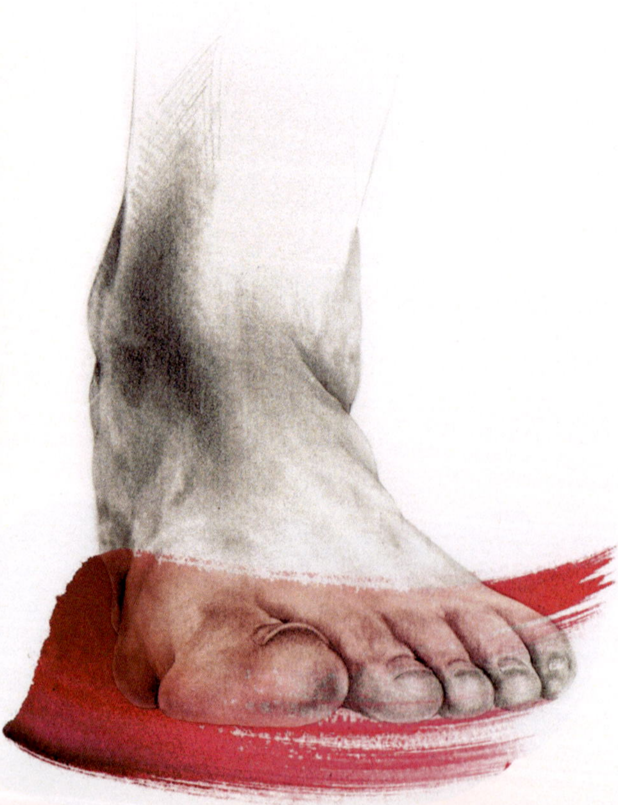

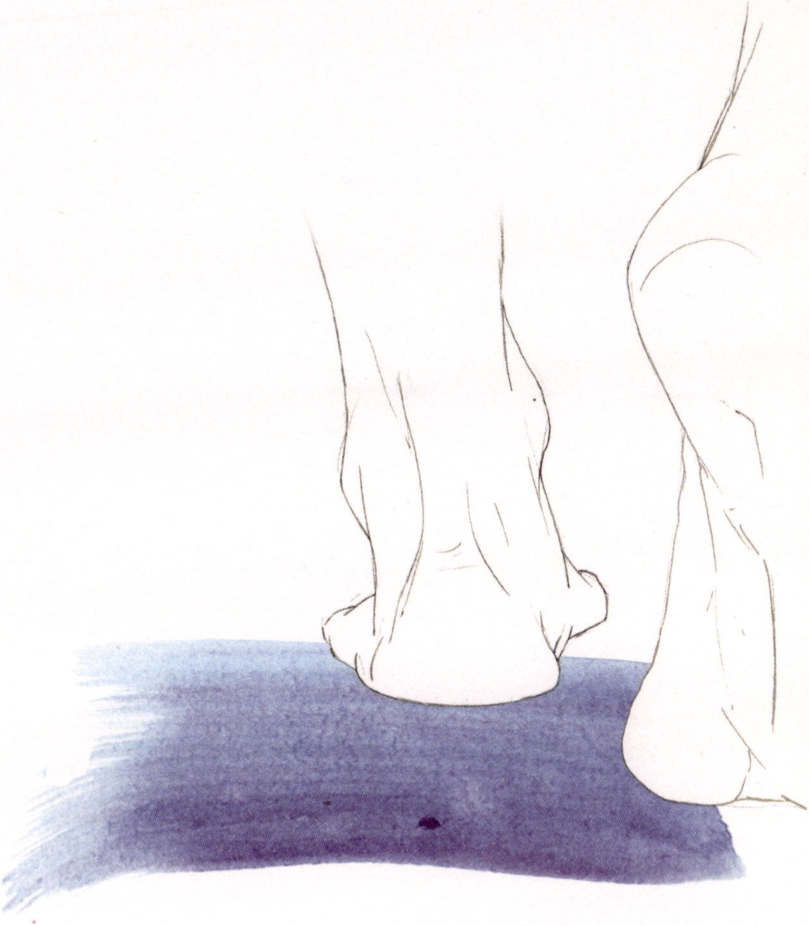

Relación a distancia

Nos vemos poco.
Deberíamos atesorar por lo tanto cada brillante gesto
que ilumine un segundo de cada hora.
Atesorar cada mimo recibido.
Cada recuerdo rescatado en el agua profunda del sueño.
Deberíamos proteger todas esas pequeñas semillas.
cuidar y descubrir las raíces las raíces de amor
ocultas bajo las piedras
Bajo las malas caras,
bajo el mutismo hostil.
Abonarlas con besos y hacerlas crecer.
No olvides nunca cuánto nos costó
reencontrarnos y reconocernos.
Los inmensos laberintos que cruzamos
para chocar el uno con el otro
Y si sobre el deseo se impone la distancia,
impón tú, sobre la distancia, la memoria.

No se puede perder
lo que nunca se ha tenido

A cada palabra que escribo la mente se me ensancha.
Y así me permite hablar de mí y de ti
y de lo que no conocemos pero viviremos algún día.
Por la noche me llamas
y me suben por el túnel
fugaces luces extrañas.
Darse no tiene sentido más que si uno se posee.

Ingenua

Tengo la suerte de las elegidas escrita
en la palma de la mano.
Porque bajo mis manos crece, dulce, por las noches
tu sexo altivo y tierno.
Crece como la misma alegría que me hierve en las venas.
Y entonces te tengo más allá de trenes y aviones,
correos y teléfonos,
llegadas y regresos.
Y entonces te tengo
en contra de lo que pudiste ser y lo que fuiste,
y a favor de lo que eres.

Al principio,

cuando de verdad me enamoré

Pensando en ti, pensando
en nubes sudorosas como almohadas,
signos ocultos, geografías vírgenes
y pueblos desterrados.

Nunca hubo cuerpo más deseado
dicha más triunfante,
sudor más dulce,
cansancio más lleno de luz
ni néctar mejor bebido.

Era tu piel, sin duda, y era mi sangre,
terquedad obsesiva y erizada en su afinidad contigo.
Salimos a buscar el sol pero ya estaba poniéndose.
Hay minutos luminosos y ésos
son los que hace falta recordar.

Le llamaba Manos Grandes,

porque las tenía enormes, y hacíamos muchas bromas sobre el grosor de sus dedos

Me tienes en tus manos desmesuradas,
inútiles para taller o azada.
Que sean tus manos, de mis muslos, llave.
Esas curiosas manos buceadoras,
manos de agua sedante que apacigua
con la ternura que en tus manos tiembla.
Y a veces manos combativas,
armas espléndidas,
con cinco espadas desenvainadas.
Cuando tus palas reptan hacia mis manos,
cuando indecisas paran en mi boca,
cuando una mano avanza por un túnel oscuro
con un temblor que vibra y que lo enciende,
tus manos son manos de ciego
que alcanzan a descifrarme.

El principio del principio

No puedo hablarte sin que mi saliva espere
mezclarse con la tuya.
No puedo pensar en ti sin imaginar grietas
perladas de sudor.
No puedo soñar en ti sin soñar en
vainilla y chocolate.
No puedo mirarte sin deseo
y no puedo amarte sin incendios.

Piedra sobre piedra

Echaba de menos tu cuerpo uncido al mío,
los hombros de los que nacen las rutas de tu abrazo,
sentí de pronto el inmenso vacío de tu ausencia.
Añoraba tu cuerpo enorme y radiante,
plasmado de una vez y sin remilgos,
que entregas de una vez, sin titubeos,
sin guardar nada, pleno y uno, todo
de generosidad iluminado.
Y ahora tu cuerpo ausente es un dios extraño
forjado en mi memoria,
reflejo de mí misma
suave de mi tersura,
grande por mis recuerdos.
Es solo este lugar donde estuviste.
Que palpita esperando tu regreso.

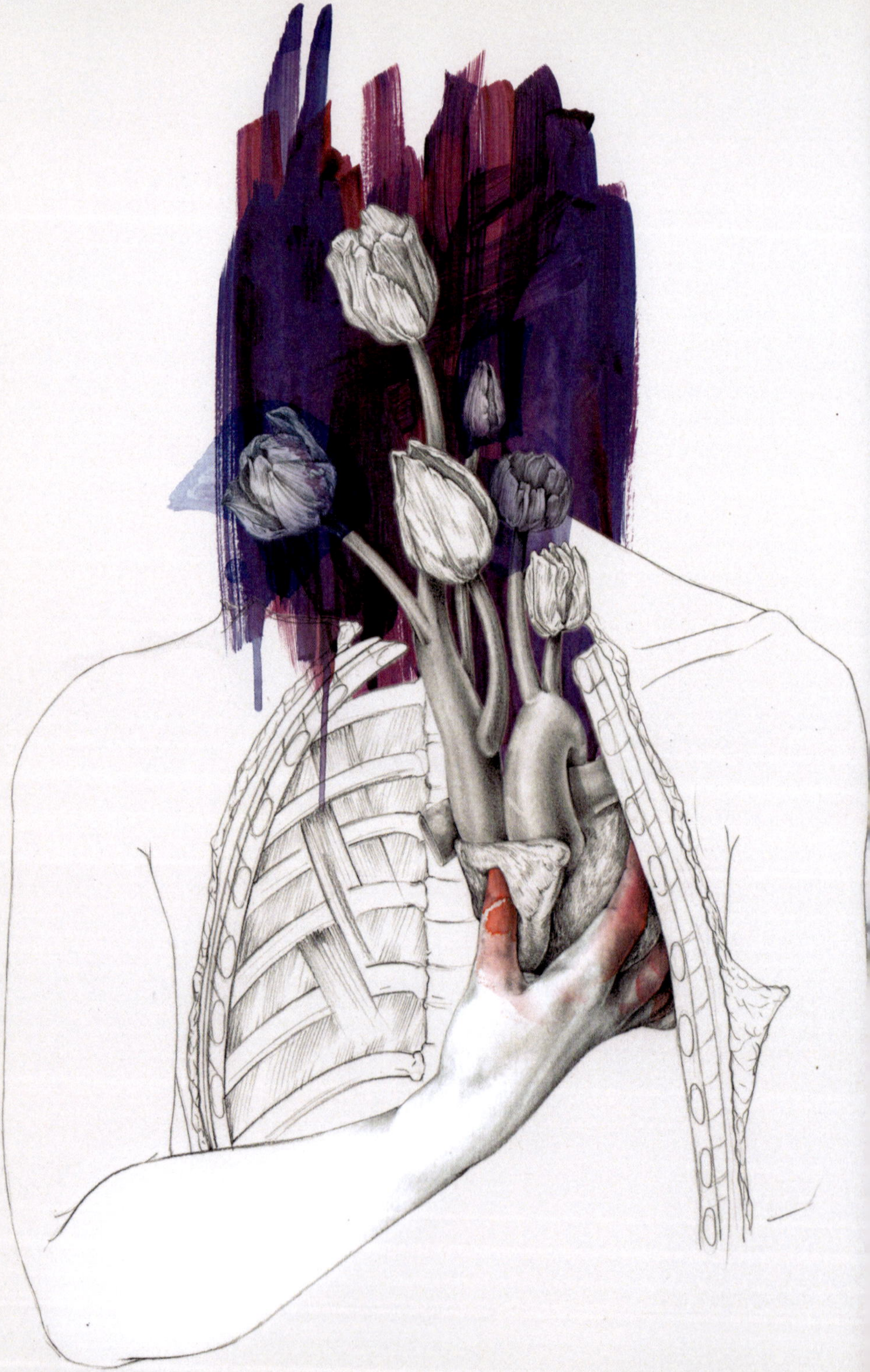

El nombre

Nadie va a arrebatarme el nombre.
Nadie me va a usurpar la voz.
Nadie va a cuestionar ahora
la absoluta certeza de que lates
en el pulso de mi sangre.

Y si te quise fue porque

Y si te quiero es por
lo fácil que resulta
dar y recibir felicidad.
Como los pájaros que no saben de cifras ni de datos
pero saben volar sin instrucciones.

Juguetes

Todo lo que la memoria revela
con su mano de sombra y que no está
circula en cada rama del árbol de mis venas.
Todo lo que el deseo imagina o rememora:
el sabido sabor de la saliva,
la familiar fragancia de la piel,
la exacta temperatura del contacto,
la fiebre de una mano que se atreve a palpar
el juguete que parece chocolate pero sabe a vainilla.

Unas pequeñas gotas de felicidad

Ir descubriéndote a diario y convencerse
de que eres parte de mí, de que es posible,
y cierto, y tangible, que no eres
ya la felicidad imaginada
sino la dicha concreta.

Pero no es tan verdad que te haya conseguido.
Sigues siendo aún inalcanzable,
es cuestión de distancia.

Late un placer perverso en sentirte distante
y admirarte de lejos.
Juego a perderte
y a encontrarte, y sé que te reencuentro
siempre distinto a cómo te perdí.

Tú mismo sí, en el fondo,
pero bañado de una luz distinta,
envuelto de un aroma nuevo,
cada vez que regresas.

Efecto Zeigarnik

Cuando despiertas,
dejas dormidos en la cama
jirones de deseo
nocturno, solo, infinito.
Dejas la nostalgia prendida a la almohada;
dejas en las sábanas gestos imaginados
que no van a llegar nunca a destino,
dejas la vida inconclusa,
dejas los sueños en vilo.

Todavía

Todo es posible todavía,
aunque a veces parezca
que todo fue consumado en su destino,
definitivamente inalterable.
Pero a los lazos rotos a veces los enmiendan
los nudos improvisados del deseo.
Nunca una frontera, un muro,
un silencio o un adiós
llegaron a ser la frontera precisa,
la definitiva brecha entre dos cuerpos.

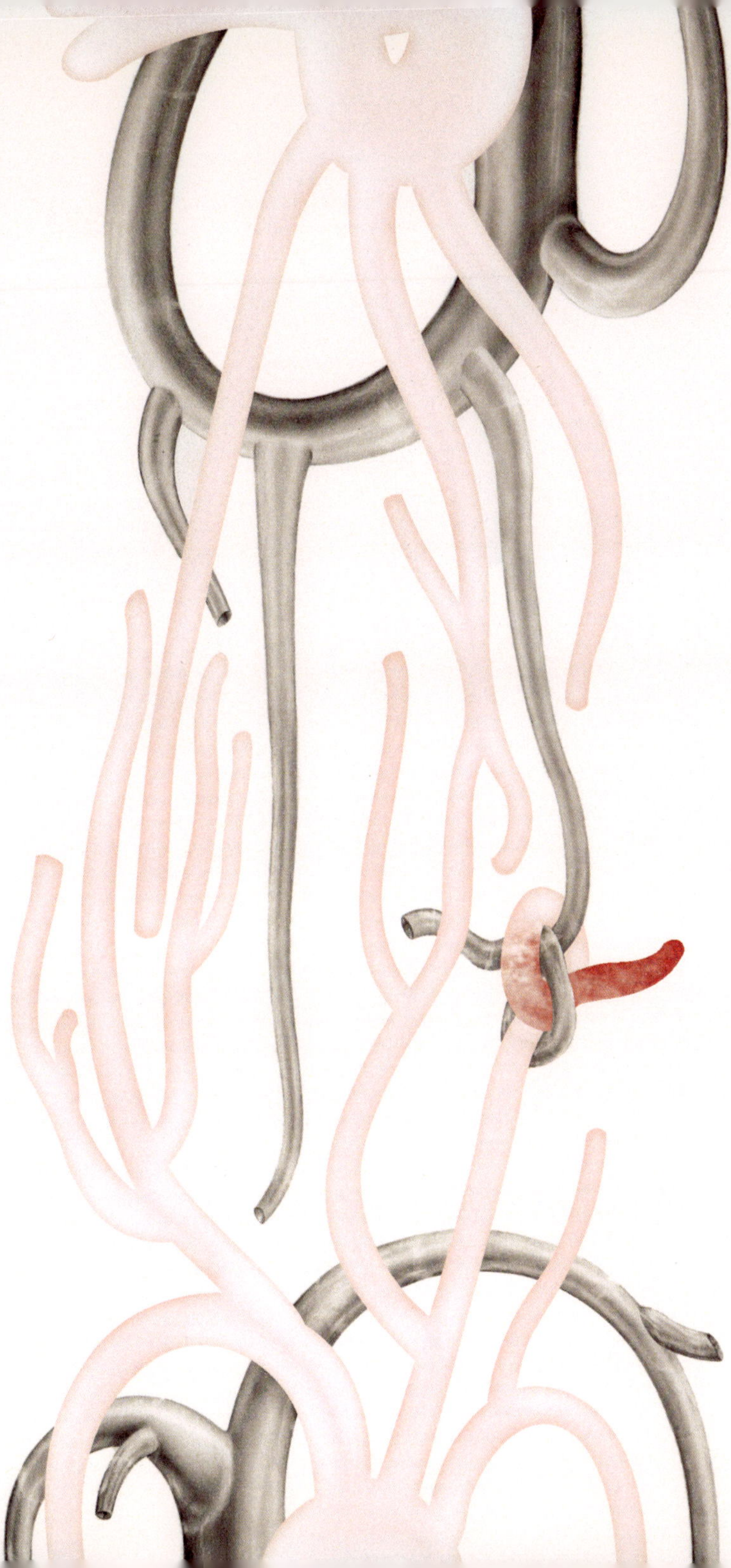

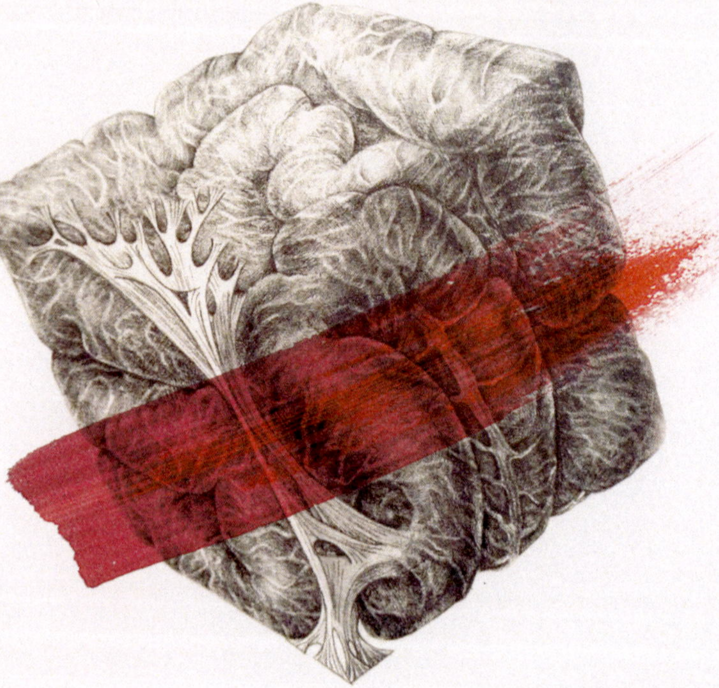

Amar es inventar

Inútil fue luchar por encontrarte
si todo este tiempo has vivido dentro de mí.
Inútil fue perderme buscándote y buscándome
en otros cuerpos que no eran el tuyo.
Si fue una idea la semilla que primero germinó,
y luego
echando raíces, creciendo, madurando,
te inventé y te establecí.
Hasta el instante en el que el sueño cedió a la invocación.
Inventé palabras para reconocerte.
Dibujé signos para definirte.
Canté rituales para conjurarte.
Te huelo, estás conmigo,
donde vas te sigo,
Todo huye de mí hacia ti,
y en el fondo de ti mismo
recuerdo que soy yo
la que te hice.
En el principio no estabas y cada beso
es un instante de luz para extraer de ti lo ya sabido.

Tenía los ojos muy azules

y llevaba una camisa rosa

Salimos a buscar el sol,

tú de rosa, yo de verde

y tus ojos, siempre, de monástico azul.

Y el sol, dichoso sol, que me acabó cegando,

iba marchitando todos mis errores.

Señorita Calamidad

A riesgo de que el viaje terminara para siempre
te dije: Huyamos, la demora es trance .
No me paralicé en la encrucijada
donde el amor tenía filos de oro
y tristes juegos de lo que no se anuncia
en fechas ni almanaques.
Era tu piel, sin duda, perlada de agua
y era mi sangre, caliente, templada al sol.
Era mi piel, sin duda,
erizada en su afinidad contigo.
Esa inhábil manera de hacerlo todo al revés.
El error nuestro de cada día
sin tacones y sin maquillar.
Yo que he sido cruel y tierna, y torpe y lúcida
no regulé la pasión, la intensidad ni el ritmo,
y reconozco ahora que no pensaba mucho.
Quizá te dejé en suspenso por el frío de algo que no dije
o hirviendo por el calor de algo que dije de más.
En el fondo soy torpe porque voy como ciega
tanteando el túnel de tus labios.
Nunca puedo acercarme a todo lo que eres
y no puedo alejarme de todo lo que soy.
En el deseo ciega, kamikaze en el juego
y en el fondo soy una calamidad.
Yo jugué , yo arriesgué, yo perdí.
Y quedas tú, tanteando el túnel de mis labios
como un vendaje mal compuesto.
Única bandera de blancura victoriosa
en medio del olvido.

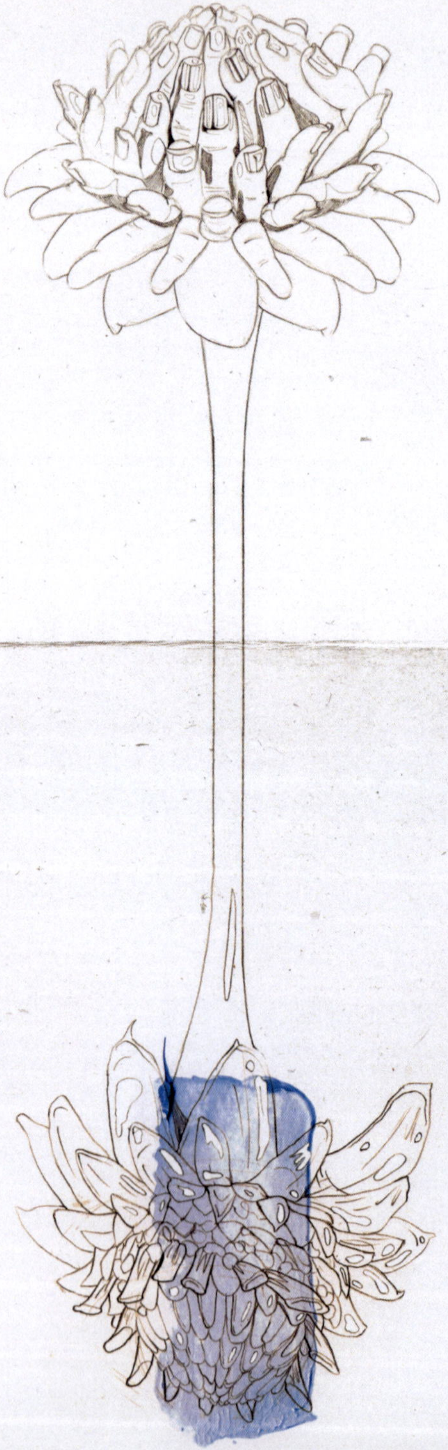

Leyendo mensajes en el cuerpo con las yemas de los dedos

Que te deseo desde todos los prismas del amor
y desde todas las vertientes del afecto.
Que te deseo con un ansia que me ha hecho
escalar una pendiente empinada
y sacar a la superficie montones de historias
escondidas en el fondo de un pozo.
Que te deseo en un amor que se mide por metros de locura.
Que te quiero desde sentimientos que no conocía
y que he aprendido a tu lado.
Desde palabras como confianza o complicidad.
desde la longitud en que mi capacidad de entrega
haya crecido contigo, paralela a mi angustia.
Desde el lugar de descanso que significas.
Desde todas las horas en que estás ausente y solo te imagino.
Desde el insomnio tenaz en que me abraso
tantas noches en las que no sueño contigo,
Desde todas las palabras de tu idioma que no sepa pronunciar
y desde todos tus pasos buscándome por donde yo no he ido.
Y desde todas las líneas poéticas que no sirven
para aprehender lo inaprensible.

Daños colaterales

Tú llegas silencioso, disfrazado de bueno,
armado hasta los dientes de control y de miedo,
como llegan los guerreros a una ciudad dormida,
y calculas, y despiertas el furor y los goces,
y haces promesas absurdas,
y al final solo dejas a tu paso tierra quemada
y una angustia sombría que devora lo que toca,
que es la tuya y que se contagia.
Y luego, como el solitario combatiente que eres,
te levantas solo, desnudo, despojado,
sobre las ruinas de la ciudad asolada,
y sobre la última torre que queda en pie.
Amurallado en tu silencio
te vas,
dejando nada detrás de ti,
Tu lucha estéril no sirve absolutamente para nada.
Cuando me besabas, todo ardía.
Ahora ya solo quedan labios de ceniza.
A ti,
en lucha como estás contigo mismo,
solo te importas tú.
Los demás somos víctimas colaterales.
Que tanta gloria lleves como paz nos dejas.

Al fin llegó la noche

con su largo silencio

Toda poesía incluye el silencio, porque está,
no se le escucha, pero está
y sin silencio no habría poesía.
Tú también estás cuando no estás,
a mi pesar, incluso, pero estás
y te llevo en el pulso de la sangre.
Intromisiones.
De agua en el recuerdo, estás.
De azul en el discurso, estás.
De música en el texto, estás.
Y tu ausencia es presencia porque estás.

Olvido y paz

Cuando yo era joven, me era muy fácil seducir.
No tenía que esforzarme mucho.
Bastaba con mi cuerpo, mi belleza.
Y esconderme. Adaptarme. Ser un camaleón.
No tenía que mostrar la inteligencia.

Los hombres dicen que admiran
a una hembra inteligente
pero no es verdad.
Para ellos, la mujer inteligente es aquella
que puede seguirles la conversación.
La mujer verdaderamente inteligente,
la que tiene más conversación que ellos,
la pedante, la sabihonda,
la que siempre tiene algo que decir,
no les gusta.
Y yo lo sabía. Y me callaba.

Ahora ya no tengo gran cosa que ofrecer.
La belleza se ha perdido.
La inteligencia no cuenta.
Todas las promesas que pudiera hacerte
ni las creerías,
ni las valorarías,
ni las querrías.
En realidad cada sombra o cada recuerdo
está cargado de promesas, siempre,
del soplo de lo que hubo.
Por eso no quiero escuchar tu voz, o verte.

Cada noche, cuando intento dormir y no puedo,
ya me llega tu voz disminuida,
tan tenue y tan cambiada
que quien creo que escucho no es ya tu persona,
sino solo una sombra.
Una sombra que dibuja palabras
y que se nutre de lo que fue.

Tampoco puedo pedirte nada.
Olvido y paz, supongo.
Pero lo único que puedo darte,
lo único que estoy segura de que puedo darte,
son palabras.
El único regalo que puedo hacerte.

Porque sé que ni te las habrán dado antes
ni probablemente te las volverán a dar.
Construir con palabras un puente indestructible,
Quedarme en tu recuerdo.
Que no nos vendamos simulacros,
que no haya telón ni tramoya.

Evidentemente las palabras no dicen lo que dice un cuerpo.
Las palabras son párpados
con las que yo voy cubriendo la cobardía y el miedo,
y mi propio fracaso,
para sumirme en un sueño.

Ojalá las palabras pudieran abrir puertas o borrar errores.
Ojalá fueran imanes verbales o drogas hipnóticas.
Todo lo que te puedo dejar son palabras.
Te quiero, lo siento, te echo de menos.

Pero sé que son inútiles y no te sirven para nada.
Yo pasé por ti como una borrasca,
como una tempestad que no se ha anunciado.
Creé ciertos problemas.
Pero luego dejé la tierra mojada, fértil,
dispuesta a germinar una semilla
que, por cierto, no era mía.
Y luego, nada. Nada mío.
Algún día tendré que levantarme.
Me alejaré en la distancia y en el tiempo.
Regalaré mis horas a otra gente.
Quizás incluso mis palabras.
Con suerte avanzaré,
con suerte me distanciaré.
Pero nada alejará mi corazón de ti.
Aunque esto último quizá no lo creas.
Porque a fin de cuentas son solo palabras.
Y las palabras se quedan siempre en palabras,
o en promesas inútiles.

La memoria está hecha de puñales

Yo no tengo la llave de esa puerta.
No es de salida ni de entrada.
Permite que entres aunque yo te haya echado,
aunque no quiera que estés aquí,
pero estás.

La única forma de que no estés sería
tomando una vez más una pastilla.
Dejar de ser adicta a ti para empezar
a ser adicta a los somníferos.
Pero nada me garantiza que te vayas,
porque puedes aparecerte en sueños.
No quiero ni imaginar dónde puedas estar ahora.

Esta noche todo está color de tumba.
Treinta y uno de mayo.
Ni siquiera hay estrellas.
Se han escondido detrás de nubarrones densos.
El propio cielo es una metáfora
de lo que está pasando en mi cabeza.

Ya no sé qué palabras pueden decirse o escribirse
cuando se extinguen todas las esperanzas,
cuando se han quemado todas las naves, y toda la tierra,
cuando el insomnio trae cantos de sirenas melancólicas.
Canciones sobre el pasado, azul,
y sobre el porvenir, negro.
Negro y sin estrellas como el cielo.

Ojalá no existiera ni el deseo ni los errores pasados.
Ojalá todo pudiera disolverse
en un vaso de agua y una pastilla.
Porque de noche cada minuto se engrandece.
Y cada minuto contiene horas de recuerdos.
Si quieres sobrevivir, es el olvido o la vida.
Porque la memoria está hecha de puñales.

De error en error, de daño en daño,
de una pastilla a otra.
Todo lo que recuerdo de ti empieza a ser difuso.
Hay una zona de sombra, un rincón sin cobertura.
Las palabras que pueda usar
no designan un daño o lo definen.
Mi dolor vive en una zona muda.

Quizá todo lo que recuerdo de ti está alterado.
Ni siquiera puedo recordar cuando te vi por última vez.
Quizá fue día quince. Quizá fue hace quince días.

La vida recordada no es la verdadera.
Mi dolor, sin embargo, es muy concreto.
Es hondo como una fosa.

Yo no me voy a avergonzar

Es una pena que nuestros caminos se hayan bifurcado
en la estela de su efímero ardor,
justo en el momento en que yo más tenía para dar:
tiempo, dinero, espacio, cosas - por fin - que compartir.
Me habría encantado viajar contigo.
Hay otra bifurcación también:
En mi cabeza,
entre lo que imaginé y lo que tengo,
entre lo que prometí y no di.

Supongo que viajar sola
(aunque siempre habrá
compañeros de viaje
- amigos, amantes -
pero sola en lo esencial)
tendrá algo bueno.
Lo de encontrarse a una misma, o eso dicen.
Ahora mismo lo que vivo no me parece vida.

Pero hay otro viaje que nunca emprenderé,
el de retorno hacia la que era.

Siempre vuelvo a la memoria,
y entre lo que recuerdo y lo que se va borrando,
sueño con otro viaje que nunca emprenderé:
el que hubiera hecho contigo.

Hacia fuera, hacia Menorca, o Viena o Barcelona,
y hacia dentro, hacia nosotros mismos.

Hacia la que yo sería

si no hubiera tanto errado
al dejarme llevar por un espejismo:
mentiras y cantos de sirena,
promesas de cartón piedra,
castillos en el aire que eran
puro decorado de tramoya.

Me gustaría que supieras que siempre,
a todas horas pienso en ti,
y que vas siempre conmigo.
Tu recuerdo es como un insecto
en ámbar fosilizado.
Hay mucho que olvidar, menos aún que esperar.
Ojalá no pase el tiempo
de echar de menos tantos gestos queridos,
e incluso tantas cosas que no me gustaban.
El mundo se extiende imposible
detrás de tu imagen,
a través de todos los hombres
que se parecen a ti pero no son tú.

Me pregunto si me lees. Nunca contestas.
Yo sigo aquí, donde siempre estuve,
apoyada en la soledad.
Cuando salgo a la feria de vanidades,
a buscarte en imágenes de hombres que no son tú,
me desplazo a un punto que está fuera de mí misma.
Lejos de mí me siento desterrada.
Lejos de ti me siento desterrada.

Yo no me voy a avergonzar
de la nostalgia que me muerde las entrañas,
porque empieza a ser mi seña de identidad.

3.
Natura res

Menorca en invierno,

desierta, pero soleada.

Buscamos una playa. Para llegar a ella había que descender por un camino blanco. La playa estaba desierta. Fuimos los únicos en descenderlo

Camino que serpea
hacia el agua absorta de una playa remota.
Camino en blanco, camino que cada uno hacemos
con nuestras penas y alegrías e historias.
Camino pedregoso y ancho
donde resuena el eco apacible de las olas.

Camino que se abre ante mí,
camino que tal vez yo he abierto,
bordeando abismos de luz.
Tanta luz, tanta vida,
tantos caminos abiertos.

De nuevo Menorca,

en un atardecer, lleno de azules.

El mar

Si pudiera elegir mi paisaje
de momentos memorables
hoy elegiría este paisaje,
que es anterior a mí y a todos.
No advertiría a la nube
del riesgo de estar tan alta.
No le hablaría de ninguna caída,
ni del trance de la aurora
con sus jirones rosas.
Fue un momento azul
y allí en tu azul te encontré
jugando con tus azules,
a encenderlos y apagarlos.
Eres lo que queda de azul,
lo que encuadra todo lo demás,
olas, espumas, roca y pájaros.
Cada vez que fui a buscarte
te encontré allí, esperando.
Tu azul con azul se explica
y yo me explico en ti.

Un pájaro negro volaba contra el cielo de Menorca,

blanco de puro sol

Un vuelo blanco y negro.
Un temblor blanco en el vacío.
Un temor negro en el futuro.
Un contraste fiero entre el blanco y el negro.
La razón y los sentidos.
La noche y el día.
¿Qué tienen de igual?
Todo es igual de profundo o de vano.

El cielo de Madrid

en invierno

Témpera pastel, cielo helado,
cielo de golosina, inalcanzable.
Clara fuente de luz.
Un cielo que no es de otro color sino de cielo.
Puro cielo, sereno, tan claro y limpio y sin dobleces.

Templa mis nervios, cielo ilimitado.

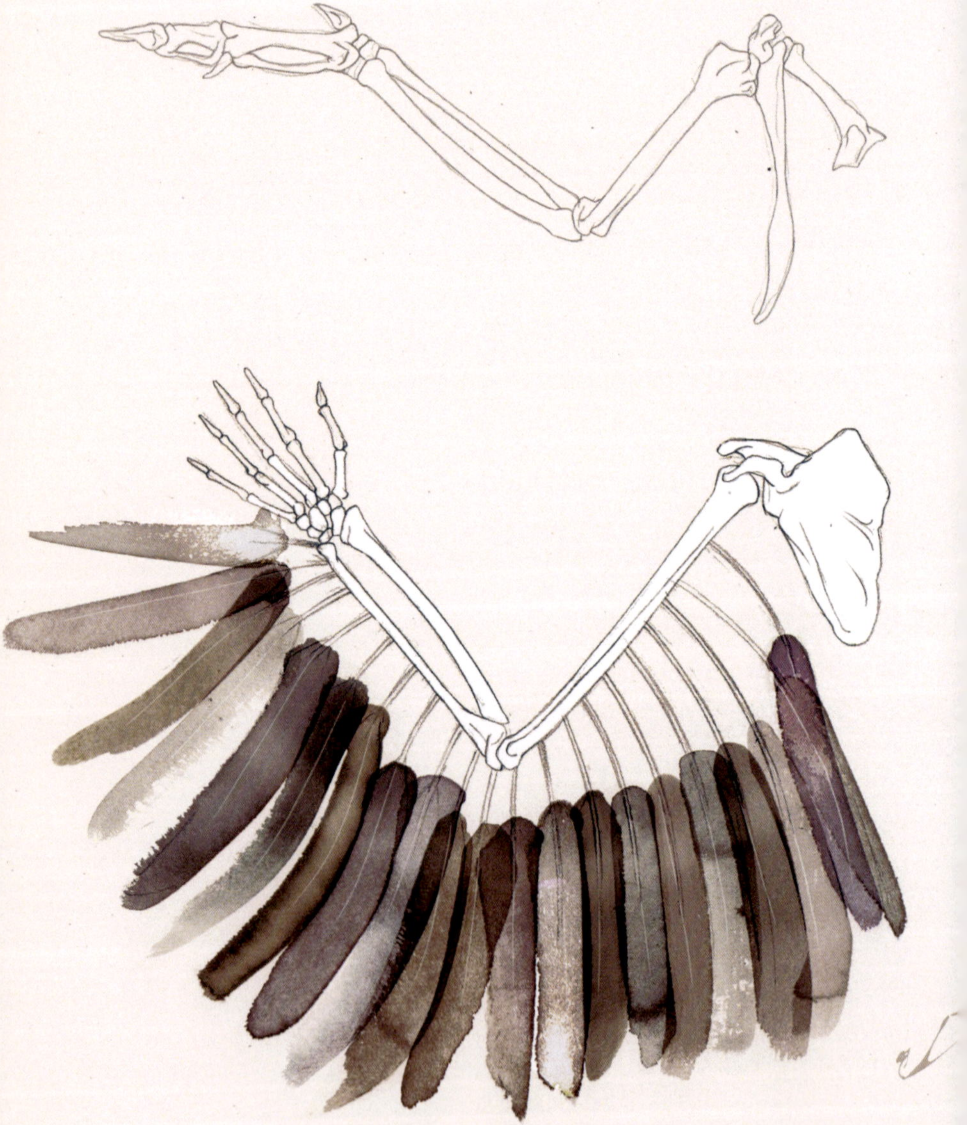

Amanecer en Madrid

El silencio se aparta, asustado,
del cielo y la ciudad.
Empezamos con el rumor del alba
en el comienzo del día,
en el umbral de lo posible.

En la Casa Encendida, en Madrid,

me quedé embelesada mirando un árbol que había perdido todas sus hojas. El esqueleto se dibujaba contra la puesta de sol

Llegó el invierno y
se cayeron las hojas y las flores.
Tuviste que enfrentarte al despojado ramaje,
al tronco último.
Te diste cuenta:
la copa no era tan real como creías
sino solo una ilusión.

Paseando por El Retiro

en otoño. Aún no éramos amantes.
Jugábamos a conocernos,
a imaginarnos

Ha llegado el otoño melancólico y lluvioso.
Sin sentirlo siquiera.
Tan silencioso llegas, vestido de hojas secas.
Nuestras últimas rosas ya se están deshojando.
Rayos débiles de un sol que no calienta.
El tibio sol de octubre, entre las hojas de los árboles.
Alfombra de hojas caídas y húmedo suelo.
El viento gira, caminamos,
no nos hemos rozado y ya sabemos
lo que acabará pasando.

Un pájaro posado

en un cable de teléfono contra el cielo de Madrid, de un azul purísimo

Está hecho de la materia del cielo
y ha hallado su espacio propio y azul.
Descansa sobre la piel del cielo
antes de impulsar el vuelo.
El azul tiene una alegría, un movimiento,
una promesa limpia y clara.
Él contempla el vacío
y siente la altura como un desafío.
Descansa mientras prepara las alas
para volver a batirse en vuelo con la vida.

Azzemour, Marruecos,

una casa derrumbada

Cuando todo se ha perdido queda todo por ganar.

Se hacinaron escombros sobre escombros,
se desplomaron los antiguos muros.
De pie sobre las ruinas contemplas
tu esperanza, tu horizonte y tu futuro.

Sola y sin deponer la calma
tu corazón se purifica en el silencio.

Dejar mi casa de Marruecos,
para siempre

Se acerca un tiempo de cambio profundísimo.
Emprendo camino para volver a casa.
Ya he abierto muchos caminos
desiguales, pedregosos y estrechos.
Y no he cerrado ninguno
porque quiero pensar que puedo volver.
En esta luz de amanecer que me recobra,
los recuerdos
huyen heridos hacia el horizonte
y viajan de lo visible a lo invisible.
El tiempo antes del viaje no es tiempo sino ofrenda.
El tiempo que ha pasado es torpe en el recuerdo.
Este distinto tiempo que me espera
tiene un lugar para creer posible
una historia mejor en otro sitio.
Amanece por fin y emprendo el viaje.

Me voy, levanto el ímpetu y el vuelo

El futuro está allí.
Mas allá de los cielos azules y las nubes.
Aún no lo entendemos, pero viene.
Pero yo no te dejo con la resignación de los viajeros.
Me dejo atar, fascinada por ti, al presente.
Me voy sin haber amado.
Lo que me ata a ti es irreal como tus cúpulas blancas.
Dejo una memoria de la que mi memoria se hace cargo
en rincones que no volveré a ver.
Recuerdos sin objeto ni sujeto.
Dentro de ti hay otro tiempo quieto
sin pasado, presente ni futuro
en tus cúpulas blancas y en tu calma.

Azzemour. El sol caía a plomo. Una niña de unos ocho o diez años atravesaba la plaza con una cesta de ropa sucia casi más grande que ella

Esta tarde el sol escribe
con pinceles de oro sobre la piedra,
y tú avanzas serena con dignidad de reina.
No cabe duda, mi niña,
que te persigue el sol.
Todo el cielo está blanco,
toda la plaza es de oro.
El sol ciega a los escombros,
difumina los contornos.
Cuánto sol se te mete por los ojos.

El sol te acaricia
para jugar contigo.
Ese sol pegajoso
que persigue a los niños.
Tesoro que no se acaba
un caudal que no se gasta.
Y es que cae a plomo él solo
y ya tanto sol te cansa.
Pero el sol abrió con luz
dentro de mí, las palabras
para escribir estas frases,
niña morena y cansada.

Mi hija aspirando el perfume
de una rosa, en un jardín de Santander

Es la rosa que tiene piel de niña y que gira.
Gira tan lentamente que parece quieta.
Pero se mueve.
Es la rosa de otoño y su perfume
arde en la tranquilidad del parque inerte.
Es la rosa fragante que desdeña
la certeza de que marchitará.
Es una rosa que es belleza hablando con otra belleza.
Es una rosa que es belleza suspendida en la belleza.

El mar,
Santander

Donde se acaba el mar
y donde empieza el cielo
hay un solo color:
Azul. Azul sereno.
Pensar en ti es azul.
El cielo azul, la mar calmada.
Ya volverán los días de aridez.
Ahora, en esta pausa azul,
siento un solo color:
Azul. El azul dentro.
La calma, me han dicho,
es de un solo color:
Azul. Azul inmenso.

Azul

El futuro es azul.
No nos empeñaremos en avivar recuerdos
que solo son ceniza.
Burlemos las cenizas para llegar a un sitio
donde creemos recuerdos nuevos.
Estamos hechos de presente y nuestros pies
no conciben caminar hacia atrás.
Solo nos queda avanzar,
seguir adelante
y fijar los ojos en lo nunca visto.

El horizonte desde el ferry
que volvía de Marruecos

Miras al horizonte y esperas,
porque la esperanza es la puta de las nostálgicas.
Y vuela, y navega.
Imaginas lo que este agua podría llevarse o traerte.
Entre osar o temer has decidido
que en esta hora esperas
y en todas las horas esperas.
Tienes el corazón radiante
de la luz que te entra por los ojos.
Por esa luz esperas
y en todas las horas esperas.

Atardecer en Madrid.

La puesta del sol incendiaba de rojo los perfiles de los edificios

Hacia un ocaso ardiendo
avanza el sol de estío.
La ciudad se ha incendiado.
Se abrasa callada
el corazón de fuego
y un jirón escarlata
se desprende del cielo.

Santander. Atardecer.

La playa desierta

Cuántas veces ha trazado tu silueta la luz de la tarde.
El paisaje aparecía como a través de un tul.
La playa casi vacía se llenó de tu imagen.
Las olas a lo lejos murmuraban tu nombre.

En el mar de Santander,

en verano

Y la cabeza se va,
huida inevitable y presurosa
hacia otro tiempo, otro paisaje,
en los que la vida sonreía.
Y me pierdo en el mar.
Oídos llenos de olas.
Ignorante del agua,
busco ahogarme en luz.
Pensamientos de aguas verdes
sumergidos hasta el fondo
en aguas luminosas.
Aquí nunca resuenan
las voces que allí agobian.
Ahora entiendo por qué el verde
es el color de la esperanza.

Santander.

Mi hija se subió a un manzano para coger una manzana

Pendiente de la rama el fruto explota en vida.
No es un fruto perfecto.
Es el canto del árbol.
Este día nuboso tiene un resplandor casi solar.
Porque brillan a la vez el fruto del árbol y mi fruto.
Fruto de carne y vida congruente,
que madura dulce como la alegría.

Santander, verano.

La montaña hervía de flores.
Palabras que son árboles,
frases que son verdes constelaciones.
Miraba al horizonte y su verde
tatuaje de hierba

Algo en mi sangre viaja con pulso a clorofila.
Algo de mi conciencia tomó forma de flor.
Y pienso lo que siento al sentir lo que piensan las flores.
Ser flor es herir de color el monte.
Ser flor es tener sangre de sol.

El mar

Yo he venido a zambullirme en tus ondas de armonía
y a respirar tu aliento en la brisa.
Yo he venido a que tu reflejo verde
me envuelva en el agua oscura.
Yo he venido a que me des un milagro
que ilumine el fondo
de todos mis mares íntimos.

Otra vez el mar

Enorme mar de corazón de agua,
que escondes a nereidas y sirenas,
dame tu sal, tu yodo y tu espejo.
Tu cuerpo que en luz abre ondas.
Tu oleaje que se disuelve en luz.
Tus espumas, tus peces,
tus tritones, tus algas,
tu indiferencia.

La playa desierta, al atardecer,

cuando se han ido todos los veraneantes

Pisadas, huellas.
Arena suave que acaricia
con un destello de luz cuando la pisan.
La huella que tus pasos dejaron
se mezcla con la huella
que el sol de la tarde deja en el azul.

Luz

Que venga el verso puro con su luz.
Que sea tan intensa que ciegue.
Que apague la sed ansiosa de párpados abrasados.
Que la luz se reparta en muchas luces.
Que nos hundamos en abismos de luz.
Que ardamos y no nos consumamos.

4.
Sin música la vida sería un error

En una discoteca de Madrid,

a las tantas de la noche, me quedé fascinada mirando un cartel de neón que anunciaba una bebida. No iba drogada, era la música y las luces que me mareaban en un trance sinestésico

Mis canales neuronales repiquetean ritmos, ritmos, ritmos
en la mesa de mezclas del cerebro,
y el ritmo que en el pecho
mueve nuestro corazón.
Es una ola de mar,
es un copo de nieve al caer,
es un niño que llora,
dos amantes que se arrullan.
Ideas sin palabras, palabras sin sentido,
memorias y deseos de historias que no existen.
Actividad nerviosa que no halla en qué emplearse
sino en bailar, bailar, bailar.
Caballo volador sin riendas que le guíen.
Y en mis oídos, antenas,
músicas remotas, danzarines frenéticos.
Mis deseos exultan y giran sobre sí,
mis deseos derviches desde unas horas rotas
hacia otras horas rotas.

Es el ritmo que vibra en el espacio
como un grito de victoria y se levanta,
y los ritmos juguetones vienen acercándose,
juntándose en las sombras,
huyéndose y buscándose.
Ritmos agudos y ritmos graves,
como espadas que chocan, tintineos de llaves.
Ama tu ritmo y ritma tus acciones bajo su ley.
Desde unas horas rotas hacia otras horas rotas,
desde una larga noche hasta el vórtice mismo.

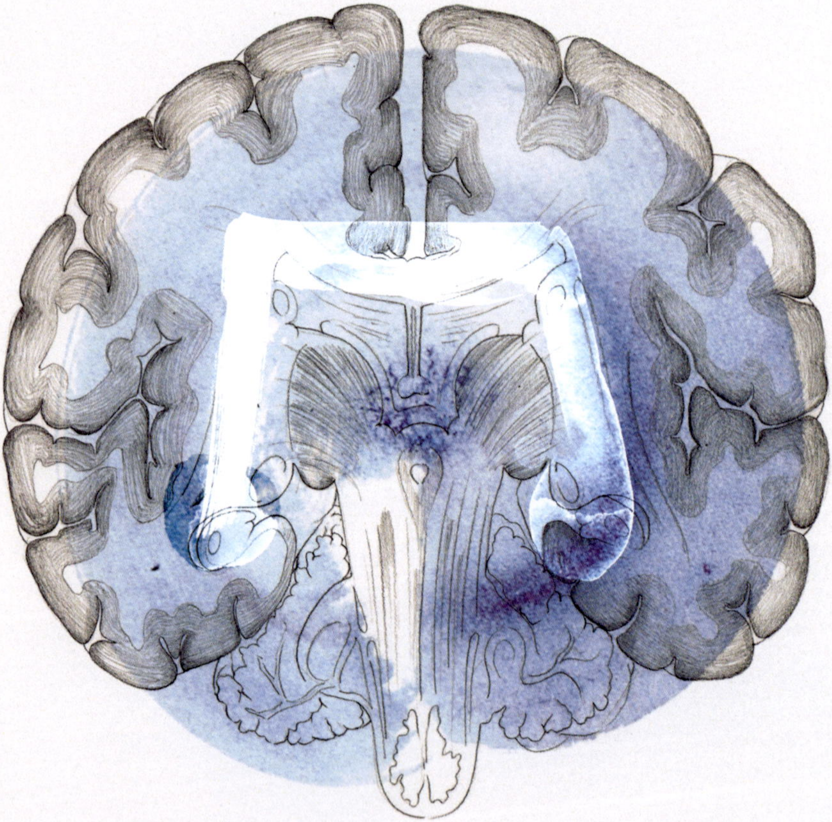

En el sónar, en Barcelona,

música electrónica

En el aire alabean signos indescifrables,
y en mi mente aletea la música lunar.
Nota por nota, tendrías que aprehender
(o aprender)
los sonidos del otro lado.
Pero incluye el silencio, porque está:
la orientación más certera
es la que avanza hacia el silencio
porque no hay música sin pausas
y porque el silencio protege
todo lo que no se puede decir.
Escribo sobre una música que llega,
se va acercando,
se va desgranando en notas o en gotas.
Me elevo, me alzan y vuelo.
No se puede contar en orden el desorden,
ni contar en desorden el orden de la música.
El corazón de la música es indescriptible,
inabarcable
inasible,
y yo no puedo narrar lo inenarrable.
Yo no puedo contar en palabras
lo que solo se describe en notas.
Cómo olvidarme que yo misma soy música,
que mi corazón bombea y hace música,

que dentro de mí late el pulso de la sangre.
La música lleva dentro mucho amor,
mucha muerte, mucha vida, mucho silencio.
Asciende, gira, enlaza el cuerpo,
lo abraza, lo encadena.
Hasta asfixiarlo amorosamente:
La eternidad que dura un abrir y cerrar de ojos,
como la música infinita y armoniosa de las calmas estrellas.
Suena una voz femenina
y siento que es el eco de una antigua liturgia,
porque el misterio debe sonar en el misterio.
Música hecha de aire o de espumas o de vuelo de palomas.
Como una cuerda fina pero indestructible,
trenzada de rituales que nunca se perdieron,
de palabras dedicadas a diosas
cuyos altares ya se derribaron,
de rocas alzadas por heroicas estirpes de amazonas,
de cortezas prehistóricas y de piedras lunares.
Algo anterior a mí y que me sobrevivirá.

Bailar

No busques la música divina de las esferas
sin hora y sin memoria, sin final ni principio.
Entra en la música humana de carne y hueso y sangre,
gota a gota, sorbo a sorbo, nota a nota, trago a trago,
todo lo amado, todo lo deseado, todo lo vivido, todo lo perdido.
Ya no eres tú, eres parte de un eco.
Estela de la música, pulverizada luz.
Tu ser fluye en la música
rendido a los caprichos de una voz.
De la música vives, de ella has nacido,
de su fluir de luz, de sus latidos.
Todo el pulso del aire convertido
a lo que no se explica y solo se siente.

Soy

Soy bella por lo que soy, no por lo que tú decides.
No soy ni puta ni santa.
No soy rebelde, soy revolucionaria.
No odio a los hombres ni quiero ser uno de ellos.
Quiero ser como soy, no como tú quieres que sea.
Mi cuerpo es mío.

La vida te espera si te atreves

Pretérito pluscuamperfecto y futuro absoluto.
La vida te espera si te atreves
a adelantar un paso, a cruzar una verja.
Soberbio y desdeñoso,
pródigo y turbulento,
generoso y constante,
esquivo y veleidoso:
El futuro está ahí fuera.
Sal de casa, abre la puerta.
Enfoca esos destellos que presagian lo que llega,
los reflejos de vida se hacen cristal de roca.
Yo quiero hacer eterno el futuro,
no puedo detenerme.
Perdonad, tengo prisa.
Soledad y silencio no me erizan el vello.
Es el lugar preciso en que el Yo se presenta.

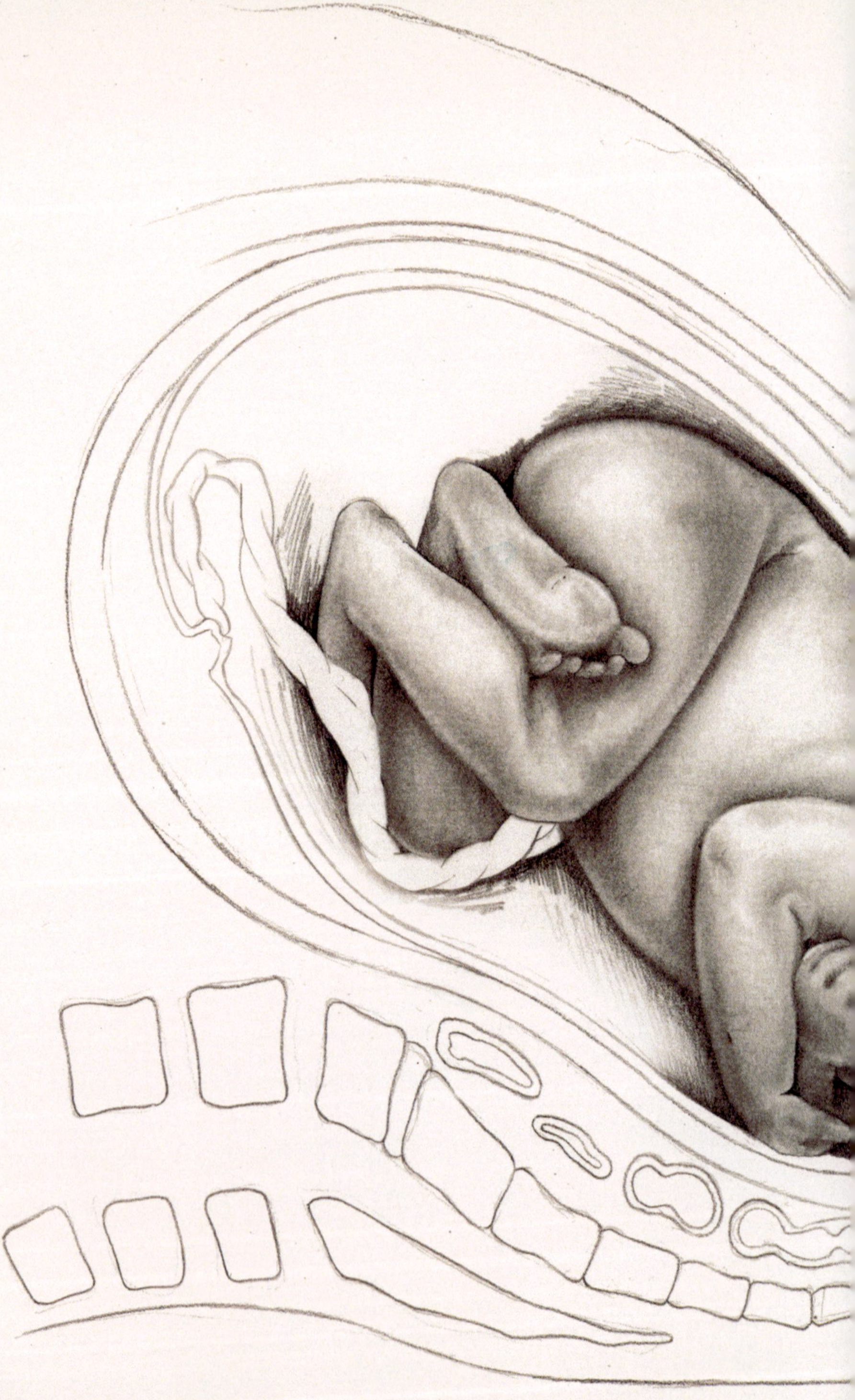